眉批

學庸

陳光政　著

麗文文化事業

■ 國家圖書館出版品預行編目資料

眉批學庸／陳光政著. ──初版. ──高雄市：麗文文
化, 2017.08
　　面；　　公分
　　ISBN　978-986-490-080-0(平裝)

1.學庸　2.注釋

121.252　　　　　　　　　　　　106013788

眉批學庸

初版一刷・2017 年 8 月

著者	陳光政
責任編輯	王珮穎
封面設計	鐘沛岑
發行人	楊曉祺
總編輯	蔡國彬
出版者	麗文文化事業股份有限公司
地址	80252高雄市苓雅區五福一路57號2樓之2
電話	07-2265267
傳真	07-2233073
網址	http://www.liwen.com.tw
電子信箱	liwen@liwen.com.tw
劃撥帳號	41423894
購書專線	07-2265267轉236
臺北分公司	23445新北市永和區秀朗路一段41號
電話	02-29229075
傳真	02-29220464
法律顧問	林廷隆律師
電話	02-29658212

行政院新聞局出版事業登記證局版台業字第5692號
ISBN 978-986-490-080-0 (平裝)

麗文文化事業

定價：80 元

序

〈大學〉與〈中庸〉都是出自《禮記》，而《禮記》乃是漢初的禮學範文集，其作者早已不詳。

朱子一生醉心於儒學，先後完成《大學章句》一卷、《中庸章句》一卷、《論語集註》十卷、《孟子集註》七卷。後人合稱爲「四書」，又將四書列爲科舉考試的範疇，四書因而成爲顯學。

清末廢除科舉，儒學極遽式微。不想，中共政權建立後，十年的文化大革命與漢字簡化，更使傳統文化受到空前的創傷。幸有臺灣的國民政府力挽狂瀾，提倡中華文化復興運動，全臺的高中生都須接受「中國文化基本教材」的課程，師範體系更不在話下。

不才的我，忝列教席，在四書方面，確曾痛下功夫。退休之後，仍將論孟重溫一遍。也許使命感所致，先後完成《眉批論語》、《眉批孟子》、《眉批大學》與《眉批中庸》，今生可以無憾矣。

〈大學〉可以代表儒家的政治哲學，而〈中庸〉也足以詮釋儒家的人生哲學。二篇的首章最爲精彩，絕對是醇乎其醇的經典之作，對後世有重大的影響力。首章之後則較爲拉雜零碎，從文章的結構作分析，或許鬆散些吧！

目 次

第一篇

眉批大學

採用《禮記》本

眉批大學

（採用《禮記》本）

　　前記：〈大學〉係出於《禮記》第四十二篇，此即王陽明所謂的古本大學。程子與朱子疑古太過，以爲舊本頗有錯簡，擅自更改原本的序次，且蔚爲風氣，竟然多達二十家以上，是謂改本大學。此風不可長，疑古尚可，在缺乏證據的前題下，寧可存古，切忌師心自用。

　　大學①之道：在明②明德③、在親民④、在止於至善⑤。

【眉批】此即古太學的三大教育目標。

【注】①大、太古今字。古天子與諸侯皆設有太學。②發揚、發輝。③德具明德與缺德兩面。④親愛人民，絕非民主時代的親近百姓，更非程、朱所言的革新百姓。⑤善有小大之分，至善即大善。

知止①而后②有定③，定而后能靜④，靜而后能安⑤，安而后能慮⑥，慮而后能得⑦。

【眉批】此將達到至善的步驟析爲六個層次，循序漸進，不得錯亂。

【注】①至善的停留處。②后、後古今字。③定向。④心不妄動。⑤妥切。⑥思考。⑦成就。

物①有本末，事②有終始，知所先後，則近道③矣。

【眉批】行事講究方法，雖不中，亦不遠矣。

【注】①②古物、事通用。③接近目標。

古之欲明明德於天下者，先治其國①。欲治其國者，先齊其家②。欲齊其家者，先脩其身③。欲脩其身者，先正其心④。欲正其心者，先誠其意⑤。欲誠其意者，先致其知⑥。致知在格物⑦。

【眉批】欲平天下，須經八個層次，缺一不可，絕無捷徑。

【注】①諸侯國。②宗族大家，非小家庭。③修己。脩、修古今字。④端正心思。⑤心意信實。⑥徹底認知。⑦洞察事物的眞相。

物格而后知至，知至而後意誠，意誠而后心正，心正而后身脩，身脩而后家齊，家齊而后國治，國治而后天下平。

【眉批】八大層次可以由近而遠，亦得由遠而近，順逆皆通，一以貫之。

自天子以至於庶人，壹①是皆以脩身為本。其本亂而末治者，否矣。其所厚者薄，而其所薄者厚，未之有也。此謂知本，此謂知之至也。

【眉批】自天子以至於庶人，地位與財富雖然各有差異，脩身則是大家共同的目標，知所脩身，才是知的極致。
【注】①全也。

所謂誠其意者，毋自欺也。如惡惡臭，如好好色，此之謂自謙①，故君子必慎其獨也。

【眉批】惡臭好色乃誠意的直接反映，如把臭當香，美當醜，就是自欺欺人，那是快樂不起來的，慎獨的重要性，可想而知。
【注】①快也，足也。

小人閒居，為不善，無所不至，見君子而后厭然①，揜②其不善，而著其善。人之視己，如見其肺肝然，則何益矣？此謂誠於中③，形④於外，故君子必慎其獨也。

【眉批】欲要人不知，除非己莫為，人是無所遁形的，慎獨之功不可破。
【注】①消沮閉藏之貌。②揜、掩古今字。③心也。④顯現也。

曾子曰：「十目所視，十手所指，其嚴①乎？」

【眉批】眾目睽睽，背地指指點點，多麼恐怖啊！

【注】①嚴、儼古今字。

富潤①屋，德潤②身，心廣③體胖④，故君子必誠其意。

【眉批】誠意的功效，為富粧飾家居，德者修養己身，內心開闊，身體舒
　　　　泰。

【注】①粧飾。②修養。③廣、擴古今字。④舒泰。

《詩①》云：「瞻彼淇②澳③，菉竹④猗猗⑤，有斐⑥君子，如
切如磋⑦，如琢如磨⑧。瑟兮⑨僩兮⑩，赫兮⑪喧兮⑫，有斐君子，
終不可諠⑬兮。」「如切如磋」者，道學也。「如琢如磨」者，
自脩也。「瑟兮僩兮」者，恂慄⑭也。「赫兮喧兮」者，威儀
也。「有斐君子，終不可諠兮」者，道盛德至善，民之不能忘
也。

【眉批】君如愛民，民當然敬君。

【注】①〈衛風‧淇澳〉。②水名。③水彎曲處。④綠竹、竹名。菉、
　　　　綠古今字。⑤美盛貌。⑥文采翩翩。⑦治玉。⑧治骨。⑨嚴密
　　　　貌。⑩武毅貌。⑪顯赫貌。⑫盛大貌。⑬忘也。⑭戰懼也。

　　《詩①》云：「於戲②！前王不忘。」君子賢其賢而親其親，小人樂其樂而利其利，此以沒③世不忘也。

【眉批】舉國上下如各順其邃，後世將感念不忘。
【注】①〈周頌・烈文〉。②歎辭。今文作嗚呼。③沒、歿古今字。

　　〈康誥①〉曰：「克②明德。」〈太甲③〉曰：「顧④諟⑤天之明命⑥。」〈帝典⑦〉曰：「克明峻⑧德。」皆自明也。

【眉批】《尚書》三篇皆言自我發掘明德。
【注】①③⑦皆是《尚書》篇名。②能也。④注意。⑤此也。⑥上天賦予之明德。⑧大也。

　　湯之盤銘曰：「茍日新，日日新，又日新。」〈康誥〉曰：「作新民。」《詩①》曰：「周雖舊②邦，其命③維新。」是故君子無所不用其極。

【眉批】歷久可以彌新，一朝有時難以保夕，關鍵在有無勤勉的執政者。
【注】①〈大雅・文王〉。②久也。③天賦君權。

《詩①》云：「邦畿②千里，惟民所止。」《詩③》云：「緡蠻④黃鳥，止于丘隅。」子曰：「於⑤止，知其所止，可以人而不如鳥乎？」

【眉批】就專長而言，人不如鳥獸之「知其所止」，卻不失為靈長，無他，模仿乃是人之所長。

【注】①〈商頌·玄鳥〉。②王者之都。③〈小雅·緡蠻〉。④鳥聲。⑤嘆詞。於、鳴古今字。

《詩①》云：「穆穆②文王，於！緝③熙④敬止。」為人君止於仁，為人臣止於敬，為人子止於孝，為人父止於慈，與國人交止於信。

【眉批】不同的身分，異樣的腳色，其終極目標，當然有別。

【注】①〈大雅·文王〉。②深遠之意。③繼續也。④光明也。

子曰①：「聽訟②，吾猶人③也，必也，使無訟乎！」無情④者，不得盡其辭，大畏民志，此謂知本⑤。

【眉批】設身處地，聽取兩造，爭訟不起。

【注】①《論語·顏淵》。②今之法官。③主告與被告。④實情。⑤民本也。

　　所謂脩身在正其心者：身有所忿懥①則不得其正，有所恐懼則不得其正，有所好樂則不得其正，有所憂患則不得其正。心不在焉，視而不見，聽而不聞，食而不知其味。此謂脩身在正其心。

【眉批】忿懥、恐懼、好樂、憂患等等，乃人生理的自然現象，強使消失，太造作，絕不可行，除非木頭人，或麻木不仁。心不在焉、視而不見、聽而不聞、食而不知其味等等，亦是極其反常態，此風不可長也。
【注】①怒也。

　　所謂齊其家在脩其身者：人之所親愛而辟①焉，之其所賤惡而辟焉，之其所畏敬而辟焉，之其所哀矜而辟焉，之其所敖②惰而辟焉。故好而知其惡，惡而知其美者，天下鮮矣。故諺有之曰：「人莫知其子之惡，莫知其苗之碩。」此謂身不脩，不可以齊其家。

【眉批】避開偏鋒，顧及事物的多面性，有此脩身，齊家可達。
【注】①辟、僻古今字。②敖、傲（遨）古今字。

　　所謂治國必先齊其家者：其家不可教而能教人者，無之。故君子不出家而成教於國。孝者，所以事君也；弟①者，所以事長也；慈者，所以使眾也。

【眉批】齊家的孝、悌與慈，擴而張之，適足以治國。
【注】①弟、悌古今字。

〈康誥①〉曰：「如保赤子。」心誠求之，雖不中，不遠矣。未有學養子而後嫁者也。

【眉批】心誠求之之前，若能將前置工作備妥，必更有把握。結婚前，事先預習養子之方，必更加順暢，單憑心誠求之，是不足的。

【注】①《尚書》篇名。

一家仁，一國興仁；一家讓，一國興讓；一人貪戾，一國作亂。其機如此。此謂一言僨①事，一人定國。

【眉批】齊家有助於治國，然未必可以畫等號，二者差異太大了。

【注】①覆敗也。

堯舜率天下以仁，而民從之；桀紂率天下以暴，而民從之。其所令，反其所好，而民不從。

【眉批】順民者昌，逆民者亡，民者，君之天。

是故君子有諸己，而后求諸人；無諸己，而后非諸人。所藏乎身不恕，而能喻諸人者，未之有也，故治國在齊其家。

【眉批】第一家庭為舉國表率，一揮百應，上行下效。

　　《詩①》云：「桃之夭夭②，其葉蓁蓁③。之子④于歸⑤，宜其家人。」宜其家人，而后可以教國人。

【眉批】齊家可以治國的見證一。

【注】①〈周南・桃夭〉。②少好貌。③美盛貌。④這位姑娘。⑤出嫁。

　　《詩①》云：「宜兄宜弟。」宜兄宜弟，而后可以教國人。

【眉批】齊家可以治國的見證二。

【注】①〈小雅・蓼蕭〉。

　　《詩①》云：「其儀②不忒③，正④是四國⑤。」其為父子兄弟足法，而后民法之也。此謂治國在齊其家。

【眉批】齊家可以治國的見證三。

【注】①〈曹風・鳲鳩〉。②威儀。③差錯。④楷模。⑤四方諸侯國。

　　所謂平天下在治其國者：上老老而民興孝，上長長而民興弟①，上恤孤而民不倍②。是以君子有絜③矩④之道也。

【眉批】君子的絜矩之道不外乎老老、長長與恤孤。

【注】①弟、悌古今字。②倍、背古今字。③度也。④規矩也。

所惡於上，毋以使下；所惡於下，毋以事上；所惡於前，毋以先後；所惡於後，毋以從前；所惡於右，毋以交於左；所惡於左，毋以交於右。此之謂絜矩之道。

【眉批】一言以釋之，恕也。

《詩①》云：「樂只②君子，民之父母。」民之所好好之；民之所惡惡之，此之謂民之父母。

【眉批】絜矩之道的見證一。

【注】①〈小雅・南山有臺〉。②語助詞。

《詩①》云：「節②彼南山，維石巖巖③。赫赫師尹④，民具爾瞻。」有國者不可以不慎，辟⑤則為天下僇⑥矣。

【眉批】絜矩之道的見證二。

【注】①〈小雅・節南山〉。②截然高大貌。③高聳貌。④周太師尹氏。⑤辟、僻古今字。⑥僇、戮古今字。

《詩①》云：「殷之未喪師②，克配上帝，儀監③于殷，峻④命不易。」道得眾則得國，失眾則失國。

【眉批】絜矩之道的見證三。

【注】①〈大雅・文王〉。②眾也。③視也。④大也。

是故君子先慎乎德。有德此有人，有人此有土，有土此有財，有財此有用。德者，本也；財者，末也。外本內末，爭民施奪，是故財聚則民散，財散則民聚。是故言悖①而出者，亦悖而入；貨悖而入者，亦悖而出。

【眉批】財是德之敵。就個人而言，守財奴，德之賊；就治國而言，藏富
　　　於民，國泰而民安。
【注】①猶逆也。

〈康誥①〉曰：「惟命②不于常。」道善則得之，不善則失之矣。

【眉批】德者本也的見證一。
【注】①《尚書》篇名。②天命也。

《楚書①》曰：「楚國無以為寶，惟善以為寶。」

【眉批】德者本也的見證二。
【注】①楚昭王時書，今佚。

舅犯①曰：「亡人②無以為寶，仁親以為寶。」

【眉批】德者本也的見證三。
【注】①晉文公之舅。②指晉文公。

〈秦誓①〉曰：「若有一个②臣，斷斷③兮，無他技，其心休休④焉，其如有容焉。人之有技，若己有之；人之彥聖，其心好之。不啻⑤若自其口出，寔⑥能容之。以能保我子孫黎民，尚亦有利哉！人之有技，媢嫉⑦以惡之；人之彥聖，而違之，俾不通，寔不能容。以不能保我子孫黎民⑧，亦曰殆哉！」

【眉批】德者本也的見證四。

【注】①〈尚書・周書篇〉。②耿介也，今尚書作介。③誠一之貌。④良善也。⑤猶如也。⑥是也。⑦嫉妒也。⑧民衆也。

唯仁人放流之，迸①諸四夷，不與同中國②。此謂唯仁人，為能愛人，能惡人。

【眉批】仁人是非分明，絕非鄉愿冬烘之流。

【注】①摒也，逐也。②國之中，京畿之地。絕非今日所謂的中國。

見賢而不能舉，舉而不能先①，命也；見不善而不能退，退而不能遠，過也。

【眉批】親賢臣，遠小人。

【注】①宜改作「近」。近之古文「」。形似先之篆體「」而誤。（俞樾《群經平議》。）

好人之所惡，惡人之所好，是謂拂人之性①，菑②必逮夫身。

【眉批】與眾人唱反調，災禍隨時臨頭。
【注】①違反眾人的共識。②同甾。

是故君子有大道：必忠信以得之，驕泰①以失之。

【眉批】忠信得道，驕兵必敗。
【注】①侈也，肆也。

生財有大道：生之者眾，食之者寡，為之者疾，用之者舒①，則財恆足矣。

【眉批】生產超越消費，久而久之，必定恆足。
【注】①舒緩。

仁者以財發身，不仁者以身發財。

【眉批】身爲主，財爲奴，豈可互易，後世好以「發財」爲祝福，可笑之至。

未有上好仁，而下不好義者也；未有好義，其事不終者也；未有府庫財，非其者也。

【眉批】仁義可以保身守富，不仁不義，失身失財。

　　孟獻子①曰：「畜②馬乘③，不察於雞豚；伐冰之家④，不畜牛羊；百乘之家⑤，不畜聚斂之臣。與其有聚斂之臣，寧有盜臣。」此謂國不以利為利，以義為利也。

【眉批】孟子義利之辨的主張，源頭出於此。

【注】①魯賢大夫仲孫蔑。②畜、蓄古今字。③兵車。④無封地之卿大夫。⑤有封地之卿大夫。

　　長國家而務財用者，必自①小人矣，彼為善之。

【眉批】務財用的執政者，一言以蔽之：小人。

【注】①由也。

　　小人之使為國家，菑害並至，雖有善者，亦無如之何矣。此謂國不以利為利，以義為利也。

【眉批】小人掌政，災害頻頻，即使神仙出現，也是無可救藥了。

第二篇

眉批中庸

眉批中庸

天①命②之謂性。

【眉批】天生萬物，各賦其性，故萬物有萬性，人性只是萬性之一而已。

【注】①自然天。②令也，賦予也。

率①性之謂道。

【眉批】循性發展，道在其中矣。壓制、抗拒、違拗天所賜予的本性，遺害深遠。人類的文明史，即人類率性的累積成果。

【注】①循也。

修①道之謂教。

【眉批】道的本身是中性的，欲成康莊大道，唯賴修練的功夫深不深。而教育的成敗，即是人類幸福的關鍵之所在。人類靠教育，終能出萬類而拔萃。

【注】①美化也。

道也者，不可須臾①離也，可離，非道也。

【眉批】道是人類的空氣和水，擺脫道，人與禽獸無別。

【注】①瞬間也。

是故君子戒愼乎其所不睹，恐懼乎其所不聞。

【眉批】不睹不聞，眞性乃現，戒愼恐懼，克己復禮。

莫見乎隱，莫顯乎微，故君子愼其獨也。

【眉批】欲要人不知，除非己莫爲，誰說春夢了無痕？法網恢恢，疏而不漏，愼獨何等重要。

喜怒哀樂之未發，謂之中，發而皆中節，謂之和。中也者，天下之大本也。和也者，天下之達道也。致中和，天地位焉，萬物育焉。

【眉批】天行健，君子自強不息，此乃致中和的進行式。

仲尼曰：「君子中庸，小人反中庸。」

【眉批】中庸是君子小人的分水嶺。

　　君子之中庸也，君子而時中。小人之中庸也，小人而無忌憚也。

【眉批】君子時時刻刻都不逾越中庸的範疇，小人無所畏，爲達目的，不
　　　　擇手段。

　　子曰：「中庸其至矣乎？民鮮能久矣！」①

【眉批】儒家最高行事原則在中庸，誰也不敢保證全符中庸之道，故曰
　　　　「民鮮能久矣」。
【注】①《論語·雍也》作「中庸之爲德也，其至矣乎！民鮮久矣。」

　　子曰：「道之不行也，我知之矣。知①者過之，愚者不及
也；道之不明也，我知之矣。賢者過也，不肖者不及也。」人
莫不飲食也，鮮能知味也。

【眉批】平凡中見偉大，偉大中見平凡。
【注】①知、智古今字。

　　子曰：「道其不行矣夫！」

【眉批】何以孔子只感嘆道之「不行」？而漏掉道之「不明」？其實兩造
　　　　皆是困難重重的。

子曰：「舜其大知也與？舜好問而好察邇言，隱惡而揚善，執其兩端，用其中於民，其斯以為舜乎？」

【眉批】舜在孔、孟的心目中，乃是大孝、大智、大行之完人，惜已完全不可考。

子曰：「人皆曰予知，驅而納諸罟①擭②陷阱③之中，而莫之知辟④也；人皆曰予知，擇乎中庸，而不能期月⑤守也。」

【眉批】孔子屬於大智若愚之流，洵非完人。
【注】①網也。②機檻也。③坑坎也。④辟、避古今字。⑤滿一月也。

子曰：「回之為人也，擇乎中庸，得一善，則拳拳①服②膺③，而弗失之矣。」

【眉批】顏回之智超越孔子，行善不分大小，永不鬆懈。
【注】①奉持之貌。②著也。③胸也。

子曰：「天下國家可均也，爵祿可辭也，白刃可蹈也，中庸不可能也。」

【眉批】治國平天下，拋棄高官厚祿、上刀山，似難實易，徹底中庸之道，似易實難。

子路問強。子曰：「南方之強與①？北方之強與？抑而②強與？寬柔以教，不報無道，南方之強也，君子居之。衽③金④革⑤，死而不厭，北方之強也，而強者居之。故君子和而不流⑥，強哉矯⑦！中立⑧而不倚⑨，強哉矯！國有道，不變塞⑩焉，強哉矯！國無道，至死不變⑪，強哉矯！」

【眉批】強的標準有地域之別，道家偏南，子路偏北，孔孟剛柔並濟，不分南北。

【注】①與、歟古今字。②你也。③席也，作動詞解。④戈兵之屬。⑤甲冑之屬。⑥融和而不隨波逐流。⑦強貌。⑧立得正。⑨偏也。⑩未顯達之時。⑪不變節。

子曰：「素①隱行怪，後世有述焉，吾弗為之矣。君子遵道而行，半途而廢，吾弗能已矣。君子依乎中庸，遯②世不見知而不悔，唯聖者能之。」

【眉批】隱居、怪誕、五分鐘熱度，君子不為也。對中庸之道的堅持，不計毀譽，那是聖人的獨到功夫。

【注】①《漢書》作「索」為是，索、素形近而誤。②逃脫也。

君子之道，費①而隱，夫婦②之愚，可以與知焉，及其至也，雖聖人亦有所不知焉。夫婦之不肖，可以能行焉，及其至也，雖聖人亦有所不能焉。

【眉批】成就君子之道，有極具淺顯普及的一面，凡人多少也能認知和實踐，至於高深幽微的一面，連聖人也有所不解和難行。

【注】①淺顯普及。②指男女而言，未必是夫妻。

天地之大也，人猶有所憾。故君子語大，天下莫能載焉；語小，天下莫能破焉。

【眉批】莊子曰：「至大無外，至小無內」。最能詮釋此意。

《詩①》云：「鳶②飛戾③天，魚躍于淵。」言其上下察也。

【眉批】上窮碧落下黃泉以求道，言道之高深也。

【注】①〈大雅・旱麓〉。②鳥名。③至也。

君子之道，造端乎夫婦，及其至也，察乎天地。

【眉批】成就君子之道，須兼備簡易與艱深兩造。

子曰：「道不遠人，人之為道而遠人，不可以為道。」

【眉批】道就在你我近處，人為之誤，越離越遠。

《詩①》云：「伐柯②伐柯，其則不遠。」執柯以伐柯，睨③而視之，猶以為遠，故君子以人治人④，改而止。

【眉批】以柯之道伐柯，其則不遠，不以人之道治人，越行越遠。
【注】①〈豳風・伐柯〉。②斧柄。③斜視。④以人之道治人。

忠恕違道不遠，施諸己而不願，亦勿施於人。

【眉批】孔子施己治人，亦不失為君子之道。

君子之道四，丘未能一焉。所求乎子以事父，未能也；所求乎臣以事君，未能也；所求乎弟以事兄，未能也；所求乎朋友先施之，未能也。

【眉批】孔子承認事君、父、兄與朋友之道，未盡徹底，更何況常人乎！

庸德之行，庸言之謹，有所不足，不敢不勉。有餘不敢盡。

【眉批】未能立德和立言，仍思更加奮進。

言顧行，行顧言，君子胡不慥慥①爾？

【眉批】君子何不篤實於言行的一致性？
【注】①篤實貌。

君子素①其位而行，而不願②乎其外。

【眉批】君子各有本職，盡本職就得了，不受外界誘惑。

【注】①本務、見在也。②慕也。

素富貴行乎富貴，素貧賤行乎貧賤，素夷狄①行乎夷狄，素患難行乎患難。君子無入而不自得焉。

【眉批】安於現狀而行乎現狀的君子，自由自在。

【注】①指落後地區。

在上位不陵①下，在下位不援②上。正己而不求於人則無怨，上不怨天，下不尤人。故君子居易以俟命，小人行險以徼幸。

【眉批】謹守本分，則能安身立命。

【注】①欺凌、霸凌。②攀附、拉關係。

子曰：「射有似乎君子①，失諸正②鵠③，反求諸其身。」

【眉批】孔子提倡運動精神。

【注】①《論語‧八佾》：「君子無所爭，必也射乎？揖讓而升，下而飲，其爭也君子。」②畫布靶。③棲皮靶。

君子之道，辟^①如行遠，必自邇^②；辟如登高，必自卑。^③

【眉批】君子之道乃一步一腳印，一步登天，一蹴可幾，乃小人之道也，
　　　不牢可知矣。

【注】①辟、譬古今字。②近也。③此語源自《荀子‧勸學篇》。

《詩^①》曰：「妻子好合，如鼓^②瑟琴。兄弟既翕^③，和樂
且耽^③。宜爾室家，樂而妻帑^④。」子曰：「父母其順^⑤矣
乎？」

【眉批】兒女家和，是天下父母的心願。

【注】①〈小雅‧常棣〉。②彈奏。③樂也。④子孫。⑤理也。

子曰：「鬼神之為德^①，其盛矣乎？視之而弗見，聽之而弗
聞，體物^②而不可遺。使天下之人，齊^③明盛服，以承祭祀，洋
洋乎^④，如在其上，如在其左右。《詩^⑤》曰：『神之格^⑥思^⑦，
不可度^⑧思，矧^⑨可射^⑩思。』夫微之^⑪顯，誠之不可揜^⑫，如此
夫。」

【眉批】儒家的信仰中，是有祖靈與鬼神的存在，虔心默禱若有應，姑且
　　　信之可也，其實，那只是一個善意的大騙局。

【注】①功德。②體驗於物。③齊、齋古今字。④流動充滿之意。⑤
　　　〈大雅‧抑〉。⑥來也，至也。⑦語助詞。⑧揣測。⑨何況。⑩
　　　厭怠不敬也。⑪往也。⑫揜、掩古今字。

　　子曰：「舜其大孝也與？德為聖人，尊為天子，富有四海之內，宗廟饗之，子孫保之。」

【眉批】大孝爲因，附帶孳生許多好報應。

　　故大德必得其位，必得其祿、必得其名，必得其壽。

【眉批】儒家因果報應之思，亦何其強烈啊！

　　故天之生物，必因其材而篤①焉，故栽者培之，傾者覆之。《詩②》曰：「嘉樂君子，憲憲③令德，宜民宜人，受祿于天，保佑命之，自天申④之。」

【眉批】上帝不仁，以萬物爲芻狗，咎由自取，抑或自求多福，抉在自
　　　　主，怨天尤人，白費功夫而已。
【注】①厚也。②〈大雅·假樂〉。③今本作顯顯。④重也。

　　故大德者，必受命①。

【眉批】天必好反，善有善報，惡有惡報，只是時候未到而已。
【注】①一切接受天帝的安排。

子曰：「無憂者，其惟文王乎？」以王季為父，以武王為子，父作之，子述之。

【眉批】文王處於中繼站，前有開創之父，後有發揚光大之子，何憂之有？

武王纘①大王、王季、文王之緒②，壹③戎④衣⑤而有天下，身不失天下之顯名，尊為天子，富有四海之內，宗廟饗之，子孫保之。

【眉批】武王前三祖之積德，促使武王輕易取代紂王，有天下。

【注】①繼也。②業也。③壹、殪古今字，滅也。④強大也。⑤衣、殷古通用。

武王末①受命，周公成②文武之德，追王③大王、王季，上祀先公以天子之禮，斯禮也，達乎諸侯、大夫及士、庶人。

【眉批】周公制禮，周禮終得完備。

【注】①晚年。②完備。③追封為王。

父為大夫，子為士，葬以大夫，祭以士。父為士，子為大夫，葬以士，祭以大夫。

【眉批】祭以主祭者的官位，葬以死者的官位。

期①之喪，達乎大夫。三年之喪，達乎天子。父母之喪，無貴賤一也。

【眉批】守喪時間的長短分為三級，而守喪乃全民所共行。
【注】①週年。

子曰：「武王、周公其達孝矣乎？」夫孝者：善繼人之志，善述人之事者也。

【眉批】武王完成先祖的志業，周公完備先祖功業，可謂達孝了。

春秋：修其祖廟、陳其宗器、設其裳衣、薦其時食①。

【眉批】每年兩祭，祭器與祭品不可缺。
【注】①當季的農產品。

宗廟之禮，所以序昭穆①也；序爵，所以辨貴賤也；序事，所以辨賢也；旅②酬③，下為上，所以逮賤也；燕毛④，所以序齒⑤也。

【眉批】宗廟、爵位、政務、宴會、鄉飲酒等等，皆須中規中矩。
【注】①宗廟之次，左為昭，右為穆，子孫亦以為序。②眾也。③導飲也。④祭畢而宴，則以毛髮之色別長幼為坐次。⑤年齡。

　　踐其位、行其禮、奏其樂、敬其所尊、愛其所親、事死如
事生，事亡如事存，孝之至也。

【眉批】至孝必尊七法則。

　　郊社之禮，所以事上帝也；帝廟之禮，所以祀乎其先也。
明乎郊社之禮，禘①嘗②之義，治國其如示諸掌③乎？

【眉批】儒家治國有三大藥方：忠孝、齊家、祭祀。這未免是疵人說夢，
　　　　過於簡單化了。
【注】①天子宗廟之大祭。②秋祭。③比喻簡易。

　　哀公問政。子曰：「文武之政，布在方①策②。其人存，則
其政舉；其人亡，則其政息。」

【眉批】方策上的檔案固然重要，得其人的執行，更是關鍵。
【注】①版書。②冊也，竹簡也。

　　人道敏①政，地道敏樹。夫政也者，蒲盧②也。故為政在
人③，取人以身，修身以道，修道以仁。

【眉批】仁道者行政，政躬康泰。
【注】①速也。②蒲葦也。③為政在於得人。

仁者，人也，親親為大；義者，宜也，尊賢為大。親親之殺①，尊賢之等，禮所生也。

【眉批】親己親而後人之親，尊賢而後他顧，知所等級，油然見禮。
【注】①差等。

在下位不獲①乎上，民不可得而治矣。

【眉批】鄭玄《禮記注》曰：「此句在下，誤重在此。」
【注】①受到信任。

故君子不可以不修身，思脩身不可以不事親，思事親不可以不知人，思知人，不可以不知天。

【眉批】兼備修身、事親、知人與知天，始配稱君子。

天下之達道五，所以行之者三。曰：君臣也、父子也、夫婦也、昆弟也、朋友之交也。五者，天下之達道也。知、仁、勇三者，天下之達德也，所以行之者，一也。

【眉批】達德行於達道，唯精誠是從。

　　或生而知之、或學而知之、或困而知之，及其知之，一也。

【眉批】殊途同歸，條條大路通羅馬，獲知的途徑因時、因地、人而異，何必求同？

　　或安而行之、或利而行之、或勉強而行之，及其成功，一也。

【眉批】為達成功的目的，方法容有不同，何必整齊畫一？

　　子曰：「好學近乎知①，力行近乎仁，知恥近乎勇。」知斯三者，則知所以修身，知所以修身，則知所以治人，知所以治人，則知所以治天下國家矣。

【眉批】修身、治人、治天下國家如具備智、仁、勇三者，當然較易達成。
【注】①知、智古今字。

　　凡為天下國家有九經①，曰：修身也、尊賢也、親親也、敬大臣也、體群臣也、子②庶民也、來③百工也、柔遠人也、懷諸侯也。

【眉批】治天下國家的九個層面都須顧全。
【注】①常也。②愛也。③召徠也。

修身則道立，尊賢則不惑，親親則諸父①昆弟不怨，敬大臣則不眩，體群臣則士之報禮重，子庶民則百姓勸，來百工則財用足，柔遠人則四方歸之，懷諸侯則天下畏之。

【眉批】九經的功效，從道立到平天下，無所不包。

【注】①父執輩。

齊①明②盛服，非禮不動，所以修身也。去讒遠色，賤貨而貴德，所以勸賢也。尊其位，重其祿，同其好惡，所以勸親親也。官盛任使，所以勸大臣也。忠信重祿，所以勸士也。時使薄歛，所以勸百姓也。日省月試，既稟③稱事，所以勸百工。送往迎來，嘉善而矜不能，所以柔遠人也。繼絕世，舉廢國，治亂持危，朝聘以時，厚往而薄來，所以懷諸侯也。

【眉批】九經的執行要項，極其具體。

【注】①齊、齋古今字。②明潔也。③今謂之薪餉，俸祿也。既、䭲古今字。稟、廩古今字。

凡為天下有九經，所以行之者，一①也。

【眉批】精誠所至，金石為開。

【注】①誠也。

凡事，豫①則立，不豫則廢。言前定則不跲②，事前定則不困、行前定則不疚③，道前定則不窮。

【眉批】事先的規畫準備，可減免挫折失敗，何樂不為？
【注】①通預。②躓也，摔跤也。③病也。

在下位不獲①乎上，民不可得而治矣。獲乎上有道，不信乎朋友，不獲乎上矣。信乎朋友有道，不順乎親，不信乎朋友矣。順乎親有道，反諸身②不誠，不順乎親矣。誠身有道，不明乎善，不誠乎身矣。

【眉批】誠身是治民的關鍵所在。
【注】①受到信任。②本身、自己也。

誠者，天之道也。誠之①者，人之道也。誠者，不勉而中，不思而得，從容中道，聖人也。誠之者，擇善而固執之者也。

【眉批】人法天，天法道，道法自然，此之謂也。
【注】①往也。

博學之、審問之、愼思之、明辨之、篤行之。有弗學，學之弗能，弗措也。有弗問，問之弗知，弗措也。有弗思，思之弗得，弗措也。有弗辨，辨之弗明，弗措也。有弗行，行之弗篤，弗措也。人一能之，己百之；人十能之，己千之。果能此道矣，雖愚必明，雖柔必強。

【眉批】博學、審問、愼思、明辨、篤行五者之中，儒家側重在篤行，而疏忽前四道，故愚儒充塞，懦儒當道也。

自誠明謂之性，自明誠，謂之教。誠則明矣，明則誠矣。

【眉批】誠與明互爲終始。

唯天下至誠，為能盡其性，能盡其性，則能盡人之性，能盡人之性，則能盡物之性，能盡物之性，則可以贊天地之化育，可以贊天地之化育，則可以與天地參矣。

【眉批】至誠如神，如果人想頂天立地，至誠不可無。

其次致曲①。曲能有誠，誠則形，形則著，著則明，明則動，動則變，變則化，唯天下至誠為能化。

【眉批】全才可遇不可求，偏才處處見，曲徑通幽。
【注】①偏也。

　　至誠之道，可以前知。國家將興，必有禎祥①；國家將亡，必有妖孽。見乎蓍②龜③，動乎四體。禍福將至，善必先知之；不善必先知之。故至誠如神。

【眉批】至誠如神，故能掌握先機，西諺亦云：「誠實是最好的策略。」
【注】①福兆也。②蓍草。③龜甲。

　　誠者，自成①也，而道自道②也。

【眉批】誠者，非外爍我也，乃是自我完備的功夫。道者，有賴自我引導，不可強也。
【注】①完備。②道、導古今字。

　　誠者，物之始終，不誠無物，是故君子誠之為貴。

【眉批】從物之生至死，皆真實存，否則，即是失誠無物。

　　誠者，非自成己而已也，所以成物也。成己，仁也；成物，知①也，性之德之，合外內之道也，故時措之宜也。

【眉批】成己成物之誠，即合外內之道，二者可以兼有。
【注】①知、智古今字。

故至誠無息①，不息則久，久則徵②，徵則悠遠，悠遠則博厚，博厚則高明。博厚所以載物也，高明所以覆物也，悠久所以成物也。博厚配地，高明配天，悠久無疆。如此者，不見而章③，不動而變，無為而成。

【眉批】不間斷的至誠，其功效可臻無爲而成。
【注】①不間斷。②徵驗於外。③章顯。

天地之道，可一言而盡也。其為物不貳，則其生物不測。

【眉批】天地專一不言，萬物生焉。

天地之道：博也、厚也、高也、明也、悠也、久也。

【眉批】人法天地，此亦是人類的目標。

今夫天，斯昭昭①之多，及其無窮也，日月星辰繫焉，萬物覆焉。

【眉批】天包籠萬象，人亦能萬物皆備於我。
【注】①指繁星。

今夫地，一撮①土之多，及其廣厚，載華嶽②而不重，振③河海而不洩，萬物載焉。

【眉批】地乘載萬物，不嫌多重，人亦要有廣納的雅量。

【注】①小單位名，猶一掬。②五嶽之一，位於陝西。③收也。

今夫山，一卷①石之多，及其廣大，草木生之，禽獸居之，寶藏興焉。

【眉批】區區山石之積，妙用之多，是無法想像的。

【注】①小也。

今夫水，一勺之多，及其不測，黿ㄩㄢˊ鼉ㄊㄨㄛˊ、蛟龍、魚、鱉生焉，貨財殖焉。

【眉批】江海不廢涓滴，所以能成其大，蘊育繁殖無數的海生物。

《詩①》云：「維天之命，於②穆③不已。」蓋曰天之所以為天也，於乎不④顯。文王之德之純⑤，蓋曰文王之所以為文也，純亦不已⑥。

【眉批】文王是儒家心目中最完美的人物，足可配天。

【注】①〈周頌·維天之命〉。②讚嘆辭，於、烏、嗚古今字。③深遠也。④大也，不、丕古今字。⑤精也。⑥精亦求精也。

大哉聖人之道，洋洋①乎！發育萬物，峻②極于天。

【眉批】宏遠廣大的聖人之道，啓迪教化蒼生，德高配天。
【注】①宏遠廣大。②高也。

優優①大哉！禮儀②三百，威儀③三千，待其人而後行。故曰：苟不至德，至道不凝④焉。

【眉批】巨細靡遺的法令，仍須至德之人才能實踐完成。
【注】①充足有餘之意。②國之大法。③細微的法令。④聚也，成也。

故君子尊德性而道問學，致廣大而盡精微，極高明而道①中庸，溫故而知新，敦厚以崇禮。

【眉批】完美全才之君子，是人生的終極目標。
【注】①由也，道、導古今字。

是故居上不驕，為下不倍①。國有道，其言足以興；國無道，其默足以容。《詩②》曰：「既明且哲，以保其身。」其此之謂與③？

【眉批】明哲保身，上下皆宜。
【注】①倍、背古今字。②〈大雅·烝民〉。③與、歟古今字。

子曰：「愚而好自用①，賤而好自專②，生乎今之世，反③古之道，如此者，烖④及其身者也。」

【眉批】此乃孔子逃脫災難的三大法寶。

【注】①私心為用也。②專斷。③反、返古今字。④烖、災古今字。

非天子不議禮①、不制度②、不考文③。

【眉批】立法、度量衡和文字，是專隸屬中央政府的權限。

【注】①立法。②度量衡。③文字的詮釋。

今天下車同軌、書同文、行同倫。雖有其位，苟無其德，不敢作禮樂焉。雖有其德，苟無其位，亦不敢作禮樂焉。

【眉批】由本文可推，〈中庸〉極可能是秦始皇一統之後的作品。

子曰：「吾說夏禮，杞不足徵也；吾學殷禮，有宋存焉；吾學周禮，今用之，吾從周。」

【眉批】古禮可學不可復，一切以當下為主，孔子絕非泥古派。

王天下有三重①焉，其寡過矣乎？

【眉批】統治者穩操議禮、制度與考文三大權限，犯錯的機率該減少很多吧？

【注】①議禮、制度與考文。

上①焉者，雖善無徵，無徵不信，不信民弗從。下②焉者，雖善不尊，不尊不信，不信民弗從。

【眉批】上古無徵，近古不尊，皆難作表率，還是當下最要緊。
【注】①上古。②近古。

故君子之道：本諸身，徵諸庶民，考諸三王而不繆，建諸天地而不悖，質諸鬼神而無疑，百世以俟聖人而不惑。

【眉批】此君子之道，乃十全十美，完美無缺之道。

質諸鬼神而無疑，知天也。百世以俟聖人而不惑，知人也。

【眉批】知天又知人，即達天人合一之境。

是故君子動而世為天下道，行而世為天下法，言而世為天下則，遠之則有望，近之則不厭。

【眉批】君子為天下之動見觀瞻。

《詩①》曰：「在彼無惡，在此無射②，庶幾夙夜，以永終譽。」君子未有不如此，而蚤③有譽於天下者也。

【眉批】永享美譽，絕非天成，而是後天努力的結果。
【注】①〈周頌·振鷺〉。②厭惡。③蚤、早古今字。

　　仲尼祖述堯舜，憲章文武，上律天時，下襲水土。辟①如天地之無不持載，無不覆幬②。辟如四時之錯③行，如日月之代明。萬物並育而不相害，道並行而不相悖④。小德川流，大德敦化，此天地之所以為大也。

【眉批】孔子廣搜天地與人間之菁華，所以成為萬世師也。
【注】①辟、譬古今字。②覆蓋也。③迭也。④悖、背古今字。

　　唯天下至聖：為能聰明睿知①，足以有臨也；寬裕溫柔，足以有容也；發強剛毅，足以有執也；齊②莊中正。足以有敬也；文理密察，足以有別也。

【眉批】唯天下至聖，兼備統治、寬容、執行力、恭敬與辨識的能力。
【注】①知、智古今字。②齊、齋古今字。

　　溥博淵泉，而時出之。溥博①如天，淵泉②如淵。見而民莫不敬，言而民莫不信，行而民莫不說③。

【眉批】至聖深得百姓尊敬、信任與喜悅，乃在於他的廣度與深度。
【注】①廣大。②深邃。③說、悅古今字。

是以聲名洋溢乎中國①，施及蠻貊。舟車所至，人力所通，天之所覆，地之所載，日月所照，霜露所隊②。凡有血氣者，莫不尊親，故曰配天。

【眉批】縱使名滿天下者，仍須尊親，尊親是無可取代的。
【注】①國中之倒裝。②隊、墜古今字。

唯天下至誠為能經綸①天下之大經②。立天下之大本③，知天下之化育，夫焉有所倚？

【眉批】至誠能成其大，無與倫比。
【注】①理緒比類。②五倫。③本善之性。

肫肫①其仁，淵淵②其淵，浩③浩其天。

【眉批】至誠之境：精純、深入、廣大。
【注】①懇至貌。②靜深貌。③廣大貌。

苟不固①聰明聖知②，達天德③者，其孰能知之？

【眉批】至誠的先決條件是生而知之。
【注】①猶實也。②知、智古今字。③德操的最高層次。

　　《詩①》曰：「衣錦尚②絅③。」惡其文之著也。故君子之道，闇④然而日章；小人之道，的然⑤而日亡。君子之道：淡而不厭、簡而文、溫而理。知遠之近、知風之自⑥、知微之顯，可與入德矣。

【眉批】凡事收歛一些，愛現難持久。

【注】①〈國風・衛・碩人〉、〈鄭・丰〉。②加也。③今詩作褧，禪衣也，罩袍也。④同暗。⑤鮮光亮麗也。⑥源頭。

　　《詩①》云：「潛雖伏②矣，亦孔之昭。」故君子內省不疚，無惡於志。君子之所不可及者，其唯人之所不見乎？

【眉批】眾目睽睽之下，最易弄假為真，不見之處，才是真相的顯現。

【注】①〈小雅・正月〉。②今謂伏潛。

　　《詩①》云：「相②在爾室，尚不愧于屋漏③。」故君子不動而敬，不言而信。

【眉批】敬信常存於心，不假於動作言語。

【注】①〈大雅・抑〉。②助祭。③宗廟之西北角。

《詩①》曰：「奏②假③無言，時靡有爭。」是故君子不賞而民勸，不怒而民威④於鈇⑤鉞⑥。

【眉批】為政不在多言，無聲勝有聲，少言勝多言。

【注】①〈商頌‧烈祖〉。②進也。③格也，至也。④畏也。⑤鍘刀。⑥戉、鉞古今字，大斧也。

《詩①》曰：「不②顯惟德，百辟③其刑④之。」是故君子篤恭而天下平。

【眉批】謙恭之德能致天下平，是耶？非耶？

【注】①〈周頌‧烈文〉。②不、丕古今字，大也。③百官也。④效法。

《詩①》云：「予懷明德，不大聲以色②。」子曰：「聲色之於化民，末也。」

【眉批】以粗言厲色為手段，乃是下下冊。

【注】①〈大雅‧皇矣〉。②粗言厲色。

《詩①》曰：「德輶②如毛。」毛猶有倫③。上天之載，無聲無臭，至矣。

【眉批】上天之德，無聲勝有聲，無臭勝有臭，此乃中庸篇的最高境界。

【注】①〈大雅‧文王〉。②同猶。③紋理。

麗文文化圖書簡介

眉批論語

陳光政　著

定價 350 元

　　司馬遷何以能撰作博覽古今的《史記》？最主要是他嫻熟國家的文書檔案，再加上跟著武帝遊遍名山大川，又有深厚淵源的家學，個人的聰明才智也夠，在忍辱負重的使命之下，終能成就歷史的偉業。以後觀古，孔子有幸生在周公之後的魯國，周代的文獻史籍，魯國都有完整的副本，《六經》的前身就是這些殘存資料，存在周京的正本，早就因西周覆亡而灰飛煙滅了。所以孔子是上古文化的重要傳薪人。他又創新開班授徒，三千弟子加以燎播，七十二弟子不忘深耕易耨，致使儒家成為東方文化的主流，有朝一日，或許將轉換為世界文化的大動脈呢！不學不明儒家文化，勢將是新世紀的落伍者呢？

　　孔子的學術成果見於六經：易代表哲學、書代表政治學、詩代表詩學、禮代表法律、樂代表音樂、春秋代表史學。《論語》則是孔子與時人、學生的互動寫照，非常鮮明活化，讀其書如見其人，十足享受，感動良深，可謂好書不厭百讀的代表作。

麗文文化圖書簡介

· 眉批孟子

陳光政　著
定價 250 元

　　孔曰成仁，孟曰取義，二者乃相為表裏，不可分割。因此，孔學是孟學的原泉，而孟學是孔學的匯注。先聖後聖，其揆一也。

· 詩經類編

陳光政　著
定價 550 元

　　詩由心靈匯聚而成，感發興起之際，足以開拓新境界，其中自有真意；詩之道極其含蓄幽微，如果不仔細品嘗，是體會不出來的。

　　謹希望博雅君子閱畢本書後，能體會周人詩學之端倪，可以無憾矣！